正向教育
故事系列

U0099745

獅子安安，
請不要憂慮

蘇·格雷夫斯 著　　特雷弗·鄧頓 圖

新雅文化事業有限公司
www.sunya.com.hk

正向教育故事系列

　　《正向教育故事系列》全套10冊，**旨在培養孩子正向的性格強項，發揮個人潛能，活出更精彩豐盛的人生。**

　　在《正向教育故事系列》裏，動物們遭遇到一些孩子普遍會遇到的困境，幸好他們最後都能發揮相關的性格強項，完滿地解決事情，還得到意外驚喜。

　　小朋友，準備好了嗎？現在，就讓我們進入正能量世界，一起跟着

 鱷魚卡卡學**毅力**

 豹子達達學**團隊精神**

 河馬胖胖學**正直**

 猴子奇奇學**審慎**

 老虎哈哈學**自我規範**

 大象波波學**仁慈**

 長頸鹿高高學**公平**

 獅子安安學**希望**

 烏龜娜娜學**勇敢**

 犀牛魯魯學**社交智慧**

　　每冊書末還設有**親子/師生共讀建議**，幫助爸媽和孩子說故事呢！

 升級功能

　　本系列屬「新雅點讀樂園」產品之一，若配備新雅點讀筆，爸媽和孩子可以使用全書的點讀和錄音功能，聆聽粵語朗讀故事、粵語講故事和普通話朗讀故事，亦能點選圖中的角色，聆聽對白，生動地演繹出每個故事，讓孩子隨着聲音，進入豐富多彩的故事世界，而且更可錄下爸媽和孩子的聲音來說故事，增添親子閱讀的趣味！

　　「新雅點讀樂園」產品包括語文學習類、親子故事和知識類等圖書，種類豐富，旨在透過聲音和互動功能帶動孩子學習，提升他們的學習動機與趣味！

　　家長如欲另購新雅點讀筆，或想了解更多新雅的點讀產品，請瀏覽新雅網頁 (www.sunya.com.hk) 或掃描右邊的QR code進入 新雅・點讀樂園 。

如何使用**新雅點讀筆**閱讀故事

❶ 下載本故事的聲音檔案

1. 瀏覽新雅網頁(www.sunya.com.hk) 或掃描右邊的QR code 進入 新雅・點讀樂園 。

2. 點選 下載點讀筆檔案 ▶ 。

3. 依照下載區的步驟說明，點選及下載《正向教育故事系列》的聲音檔案至電腦，並複製至新雅點讀筆的「BOOKS」 資料夾內。

❷ 點讀故事和選擇語言

啟動點讀筆後，請點選封面，然後點選書本上的故事文字或說話的人物，點讀筆便會播放相應的內容。如想切換播放的語言，請點選每頁左上角的 粵 ☆ 普 圖示，當再次點選內頁時，點讀筆便會使用所選的語言播放點選的內容。

語言圖示說明

粵 粵語 朗讀故事　☆ 粵語 講故事　普 普通話 朗讀故事

❸ 播放整個故事

如想播放整個故事請點選下面的圖示:

選擇語言

粵語
朗讀故事

粵語
講故事

普通話
朗讀故事

播放整個故事

播放

暫停

停止

❹ 製作獨一無二的點讀故事書

爸媽和孩子可以各自點選以下圖示,錄下自己的聲音來說故事!

1. 先點選圖示上 爸媽錄音 或 孩子錄音 的位置,再點 OK,便可錄音。
2. 完成錄音後,請再次點選 OK,停止錄音。
3. 最後點選 ▶ 的位置,便可播放錄音了!
4. 如想再次錄音,請重複以上步驟。注意每次只保留最後一次的錄音。

爸媽請使用
這個圖示錄音

OK
爸媽錄音

OK
孩子錄音

孩子請使用
這個圖示錄音

獅子安安總是常常憂慮，任何事情都能讓他感到困擾！他擔憂自己上學會否遲到。

又或是⋯⋯會否早到！

安安還擔憂自己會不會計錯加數……但其實他的加數很好。安安在擔憂的時候，就會感到身體發熱，頭暈眼花，胃在翻騰，腳在抖震。那種感覺實在不好受。

　　星期五那天，大鳥老師帶來了一個令人興奮的消息：兩星期後就是學校的大旅行了！她説今年大家會一起去森林樂園，鱷魚先生會駕駛校車接載他們前往。大家都拍手歡呼，因為森林樂園是森林裏最好玩的主題公園啊！所有人都很興奮，除了安安，因為他又開始擔憂了。

　　踢足球的時候，安安還一直擔憂大旅行的事。他擔憂前往森林樂園的途中，如果校車壞了怎麼辦？如果他們無法抵達森林樂園怎麼辦？安安太慌張了，連當龍門的時候都心不在焉，讓對手進了很多球呢！

　　到了星期一，安安又開始擔憂大旅行那天會
不會下雨。下雨就會很沒趣了。如果下滂沱大
雨，森林樂園水浸要關閉怎麼辦？那實在不敢想
像！安安又慌張起來，不小心碰跌了桌上的顏
料，把河馬的圖畫弄髒了！

　　猴子和河馬都很關心安安，他們問安安是不
是發生了什麼事，但是安安沒有説出來，他怕會
因為對大旅行感到憂慮而被取笑。

　　第二天，安安開始擔憂自己是否符合參加機動遊戲的要求。他會不會因為太矮而不能乘坐過山車呢？還是體形太大，坐不上小型賽車呢？想着想着，安安又開始慌張起來，不小心把所有鉛筆和書本都碰跌了。大家都在說：「安安真的很慌張啊！」然後大鳥老師帶安安到課室外面冷靜一下。

　　大鳥老師問安安發生了什麼事。他跟老師說出對學校大旅行的所有憂慮。大鳥老師細心地聆聽。她告訴安安，自己也有為事情擔憂的時候，那時便會深呼吸。於是安安便深深地吸了一口氣，然後覺得舒服好多了。

　　然後大鳥老師叫安安想像一下旅行途中可能
會發生的好事，而不要只想着壞事。安安開始想
像……

18

他想到了校車。鱷魚先生把校車打理得很好，他常常檢查輪胎，也常常檢查汽油量。校車不可能會壞車的。想着想着，安安覺得心情好多了。

　　然後安安又想到了天氣。天空中沒有雲，而且已經許多個星期沒有下雨了。旅行那天相信都不會下雨，森林樂園也許不會水浸，而且還整天都會開放呢！想着想着，安安覺得心情好多了。

然後大鳥老師告訴安安，當他感到擔憂的時候，可以找好朋友傾訴。安安想起了猴子和河馬。大鳥老師說如果他再感到擔憂和焦慮，就可以跟這些好朋友傾訴。安安現在的心情真的好多了。

終於來到星期五，那就是學校大旅行的日子！校車完全沒有壞車！

到了下午也只是下着微微雨，不過當時大家正在玩滑浪飛船，所以也沒什麼關係呢！

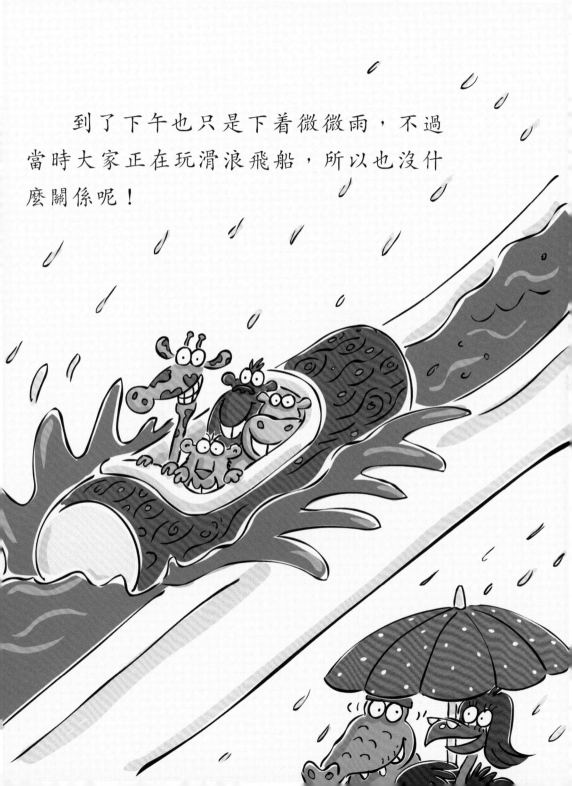

安安的體形的確太大了，他無法坐上小型賽車，不過他一點都不介意，還去玩火箭漫遊。安安覺得這個機動遊戲更好玩呢！

24

然後大鳥老師看看手錶，她說時間剛剛好，大家還來得及一起去玩沖天過山車。那是森林樂園裏最高、最快、最刺激的機動遊戲！

大家都非常期待！但安安卻開始擔憂。如果過山車開得太快、攀升得太高，怎麼辦？如果不能跟好朋友一起坐，怎麼辦？那就真的真的太糟糕了！

這時，安安想起了大鳥老師教他的方法。他深呼吸了一下，感覺好了一點。他又找猴子和河馬傾訴。猴子請安安放心，大家一定會玩得很盡情，很投入，一點都不會害怕。河馬又說他倆會跟安安坐在一起，令安安的心情舒暢得多了。

　　沖天過山車真的很高很高、很快很快⋯⋯而
且十分刺激！安安感到身體發熱，頭暈眼花，胃
在翻騰，腳在抖震！但是，安安一點都不慌張，
因為他正跟朋友們一起享受着歡樂的時光呢！

認識正向心理學的 24 個性格強項

　　正向心理學之父馬丁・賽里格曼 (Martin Seligman) 與其他學者合作，研究出一套以科學驗證為基礎的正向心理學理論，提出每人都能培育及運用所擁有的性格強項，活出更豐盛的人生。

　　正向心理學中的性格強項分成 6 大美德 (Virtues)，共 24 個性格強項 (Character Strengths)。只要我們好好運用性格強項和應用所累積的正向經驗，日後無論是在順境或逆境中，我們仍然能從中獲得快樂及寶貴的經驗。

現在，一起來認識 24 個性格強項：

智慧與知識 (Wisdom & Knowledge)
喜愛學習 (Love of Learning)
開明思想 (Judgement)
洞察力 (Perspective)
創造力 (Creativity)
好奇心 (Curiosity)

勇氣 (Courage)
正直 (Honesty)
勇敢 (Bravery)
熱情與幹勁 (Zest)
毅力 (Perseverance)

節制 (Temperance)
謙遜 (Humility)
審慎 (Prudence)
寬恕 (Forgiveness)
自我規範 (Self-regulation)

24 個性格強項

公義 (Justice)
公平 (Fairness)
團隊精神 (Teamwork)
領導才能 (Leadership)

仁愛 (Humanity)
愛 (Love)
仁慈 (Kindness)
社交智慧 (Social Intelligence)

靈性與超越 (Transcendence)
希望 (Hope)
感恩 (Gratitude)
幽默感 (Humour)
靈修性 (Spirituality)
對美麗和卓越的欣賞
(Appreciation of Beauty and Excellence)

故事中主角所發揮的性格強項

　　獅子安安是個常常憂慮的孩子。他擔憂上學會否遲到，會否早到，又或是自己能否把加數計好，就連學校大旅行，安安也擔憂會不會有什麼壞事發生。

　　後來，安安在大鳥老師和朋友們的鼓勵下，嘗試想像事情美好的一面，最後即使真的下了微微雨，自己亦真的坐不上小型賽車，都不要緊了。因為安安發揮了**希望**這個性格強項，以**積極樂觀**、**正面**和**充滿信念**的態度去迎向未來，也讓他能好好地跟朋友經歷一個愉快的學校旅行。

 ## 親子 / 師生共讀建議

讀完故事後，和孩子談談這本書：

① 與孩子談談故事情節，鼓勵孩子按時間順序複述故事的情節。

② 與孩子談談安安的憂慮。請他們説説自己會否也有類似的擔憂，並鼓勵他們跟大家分享和傾訴，藉此明白到大家可以互相幫助。

③ 請孩子描述擔心的時候有什麼感受。他們在面對新事物或轉變的時候，會不會感到坐立不安？他們會不會怕得發抖或心神不定？他們又如何處理這些情緒以及焦慮所帶來對身體的影響？

④ 請孩子一起深深吸氣，慢慢呼氣。請他們説出感覺。他們有沒有覺得平靜呢？同時指出這也是處理焦慮的一個好方法。

⑤ 鼓勵孩子提出其他可以使自己或別人平靜下來的方法。他們會向誰傾訴心聲？例如父母和朋友？為什麼？

正向教育故事系列（修訂版）

獅子安安，請不要憂慮

作　　者：蘇・格雷夫斯（Sue Graves）
繪　　圖：特雷弗・鄧頓（Trevor Dunton）
翻　　譯：張碧嘉
責任編輯：趙慧雅、龐頌恩、劉紀均
美術設計：蔡學彰
出　　版：新雅文化事業有限公司
　　　　　香港英皇道499號北角工業大廈18樓
　　　　　電話：（852）2138 7998
　　　　　傳真：（852）2597 4003
　　　　　網址：http://www.sunya.com.hk
　　　　　電郵：marketing@sunya.com.hk
發　　行：香港聯合書刊物流有限公司
　　　　　香港荃灣德士古道220-248號荃灣工業中心16樓
　　　　　電話：（852）2150 2100　　傳真：（852）2407 3062
　　　　　電郵：info@suplogistics.com.hk
印　　刷：中華商務彩色印刷有限公司
　　　　　香港新界大埔汀麗路36號
版　　次：二〇二〇年九月初版
　　　　　二〇二二年九月第三次印刷